Emanuel Haselbach

# BodyAnchoring

## Ein Weg in die wundersame Welt der Gegenwart

novum pro

www.novumverlag.com

Bibliografische Information
der Deutschen Nationalbibliothek:

Die Deutsche Nationalbibliothek
verzeichnet diese Publikation in
der Deutschen Nationalbibliografie.
Detaillierte bibliografische Daten
sind im Internet über
http://www.d-nb.de abrufbar.

Alle Rechte der Verbreitung,
auch durch Film, Funk und Fernsehen,
fotomechanische Wiedergabe,
Tonträger, elektronische Datenträger
und auszugsweisen Nachdruck,
sind vorbehalten.

© 2019 novum Verlag

ISBN 978-3-99064-544-4
Lektorat: Annette Debold
Umschlagfotos:
Olga Kovalishina Nikishina,
Irina Gorbunova | Dreamstime.com
Umschlaggestaltung, Layout & Satz:
novum Verlag
Innenabbildungen:
Colorscurves | Dreamstime.com (8)

Gedruckt in der Europäischen Union
auf umweltfreundlichem, chlor- und
säurefrei gebleichtem Papier.

**www.novumverlag.com**

# Inhaltsverzeichnis

Vorwort .................................................... 7

Einleitung ................................................. 9

Die Körper-Geist-Polarität ................................. 13

Was ist BodyAnchoring? ..................................... 15

BodyAnchoring als Methode .................................. 17

BodyAnchoring und Denken ................................... 30

Aspekte der Umsetzung im Alltag ............................ 37

Vorteile und Früchte des BodyAnchoring ..................... 45

Hindernisse und Widerstände beim BodyAnchoring ............. 47

Gegenwärtigkeit ............................................ 53

Allgemeines über Meditation ................................ 58

Schlusswort ................................................ 60

Dank ....................................................... 61

## Vorwort

Obwohl wir alle einen Körper haben – sind wir darin nicht ‚zu Hause'.
    Obwohl wir immer schon in der Gegenwart leben – flüchten wir ständig aus ihr.
    Wie kommt das? Was treibt uns weg vom Hier und Jetzt?

Der Wunsch und die Bestrebungen, vermehrt in der Gegenwart zu verweilen und sie gar zu genießen, bestehen, seit es Menschen gibt. Diese ahnten schon früh, dass Gegenwärtigkeit bzw. Präsenz lebensverschönernd oder gar lebenserhaltend ist.
    Sie erkannten, dass das Leben sich nur und ausschließlich in der Jetztzeit abspielt und folglich auch nur da genossen werden kann.

Auch heutzutage tun wir uns äußerst schwer, diese Bestrebungen im Alltag umzusetzen. Mit dem Kopf sehen wir vieles ein, und es erscheint uns wichtig – Gewohnheiten halten uns jedoch davon ab, unsere Absichten umzusetzen.

Der Körper ist schwer, erdgebunden, altert und tut häufig weh. Außerdem entspricht er nicht unserem verinnerlichten Schönheitsideal. Die Gegenwart entspricht ebenfalls nicht unseren Erwartungen. Sie ist oft hart, stinkig, anstrengend und bevölkert mit schwierigen, aufsässigen Mitmenschen.
    Kein Wunder, wollen wir nur weg von hier. Wir wünschen uns virtuelle Brillen, Wunderpillen, Mr oder Mrs Right oder sonst welche Drogen, die uns endlich in eine bessere Welt katapultieren.

Zur Not tun es auch Handy, Alkohol, TV, Games oder Bücher und Zeitschriften. Das Angebot bzw. die Verführung ist riesig.

Wem das immer noch nicht ausreicht, greift zurück auf hauseigene, ‚selbst gemachte Fluchttools':

Exzessives Denken, Fantasiegespinste, Stricken eigener Geschichten und Schwelgen in Erinnerungen.

Und schon ist man raus aus dem Körper und raus aus der leidigen Gegenwart.

Nur ist es leider so, dass man die Gegenwart bloß als ‚Gesamtpaket' haben kann – mit allen Schönheiten und Widrigkeiten – oder eben nur als fade, platte Scheinwirklichkeit.

Wer von Letzterem genug hat, braucht Ideen, Werkzeuge und vor allem eine Methode, um wirkungsvoll Gegensteuer geben zu können. Wie beim Segeln gegen den Wind, sind die Absicht, das Know-how und die Ausrüstung entscheidend für den Erfolg. Dazu noch eine Portion Mut und Beharrlichkeit, und die Reise kann losgehen.

Am Anfang jedoch – und das ist ganz entscheidend – steht Ihre Unzufriedenheit mit Ihrer gegenwärtigen Situation. Nur mit dieser Triebkraft werden Sie die Reise beginnen, hoffentlich auch genießen und mit Erfolg am Ziel ankommen.

Ich hoffe, dieses Buch wird Ihnen ein nützlicher Begleiter sein.

# Einleitung

Die Menschen erkannten bald, dass der Weg in die Gegenwart über ein Trainingsprogramm führen muss.
Die Suche nach passenden Meditationspraktiken begann.

Wege, Methoden und Techniken wurden entwickelt, um zu sich selbst, zu Gott und in die Gegenwart zu kommen.
‚Hic et Nunc!' – Hier und Jetzt! –, nannten es die alten Römer. Nur banale Alltagsbewältigung und Überleben reichten ihnen nicht. Sie suchten nach der wirklichen Welt in der Gegenwart und erkannten zunehmend den Wert von Gegenwärtigsein.
Dies setzte schon in Kulturen vor den Römern große kreative Energien in Gang, welche in der Folge zu den zahllosen Meditationsmethoden führten, die wir heute kennen.
Unterschiedliche Zeiten und Menschentypen brauchen unterschiedliche Herangehensweisen. So ist es also nur folgerichtig, dass diese für die heutige Zeit auch angepasst werden müssen.

Der heutige Mensch hat normalerweise einen vollen Terminkalender. Wenn er nun in Meditationsbüchern lange Meditationszeiten und Retreats empfohlen bekommt – dann schreckt ihn das mehr ab, als es ihn anzieht und begeistert.
Es braucht daher neue, angepasste Meditationsformen, welche für den modernen westlichen Menschen alltagskompatibel sind.

Die Kernfragen haben sich dabei nicht verändert:
Wie gelingt es uns, vermehrt und länger in der Gegenwart anwesend zu sein? Wie gehen wir mit unseren Gedanken um?

Unterschiedliche Meditationswege haben darauf verschiedene Antworten gefunden.

Das BodyAnchoring, die Methode, welche hier vorgestellt wird, greift einen Kernaspekt all dieser Wege heraus:

Der Körper als primäres Verankerungsobjekt des Geistes in der Gegenwart.

Liebe Leserin, lieber Leser,
versuchen Sie doch gleich zu Beginn dieser gemeinsamen Reise, sich in der Kunst der Gegenwärtigkeit zu üben. Nehmen Sie während des Lesens immer wieder Kontakt zu Ihrem Körper auf. Spüren Sie z. B. die Kontaktfläche Ihres Körpers zum Boden: Ihre Fußsohlen. Verweilen Sie ein paar kurze Augenblicke bei Ihren Füßen. Dieser Kontakt wird Sie in die Gegenwart bringen.
    Dabei können Sie bereits erste Erfahrungen in Gegenwärtigkeit sammeln.

Das folgende Zeichen soll Sie jeweils daran erinnern:

Eine kleine Geschichte zu Beginn der Reise:

Der Meister ging zu einem interessierten Schüler, der schon längere Zeit vor den Klostertüren ausgeharrt hatte, und sprach ihn an: „Willst du weiter in deiner gewohnten Welt der selbst geschaffenen Gedanken und Vorstellungen leben – oder willst du je länger, je mehr in die Wirklichkeit eintreten und dort verweilen, obwohl sie sich oft stinkig, langweilig und abweisend anfühlt?"
Der Schüler überlegte kurz und wählte dann das Zweite.
„Wenn das so ist", erwiderte der Meister, „dann bist du hier herzlich willkommen."
Der Schüler durfte ins Kloster eintreten und lernen.

Und noch eine Metapher:

Ein Boot ruht vor einer Meeresküste. Es ist nicht verankert. Der Wind und die Wellen haben leichtes Spiel: Sie treiben das Boot, wohin sie wollen. Irgendwann treibt es ans Ufer oder ins offene Meer hinaus, oder es zerschellt an einer Klippe.

Anders bei einem verankerten Boot.

Darauf kann man ausruhen, fischen oder es über Nacht bei hohem Wellengang sichern. Es ist mit dem Grund verbunden.

Und wie ist es für Sie, liebe Leserin, lieber Leser? Welches Boot wären Sie gerne?

Ist es für Sie erstrebenswert, im gegenwärtigen Augenblick, im innigen Kontakt mit der Wirklichkeit zu leben – möglichst oft und möglichst lange?

Wenn ja – dann sind Sie hier genau richtig!

Die Grundsatzentscheidung, ob man wirklich vermehrt in der Gegenwart anwesend sein möchte, ist wichtig. Für das Überleben und den Alltag ist es nämlich nicht unbedingt nötig, im gegenwärtigen Augenblick präsent zu sein.

Die gute Nachricht vorweg: Sie sind körperlich bereits andauernd in der gegenwärtigen Wirklichkeit – und zwar ausschließlich, ob Sie es wollen oder nicht, ob Sie sich dessen bewusst sind oder nicht. Geistig jedoch wandern Sie oft irgendwo anders herum. Es liegt in Ihrer Entscheidung, ob Sie diese Spaltung verringern wollen.

Tatsache ist – auch wenn uns das Denken etwas anderes vorgaukeln will:

Es gibt schlichtweg nichts anderes als die Gegenwart. Ihr ganzes Leben spielt sich in der Gegenwart ab.

Die Frage ist: Wollen Sie daran teilhaben? Oder riskieren, es weiterhin zu verpassen?

## Die Körper-Geist-Polarität

Durch das ebenso nötige und nützliche als auch oft ‚verkomplizierende' Denken ist es uns möglich, in einer Art virtueller Parallelwelt zu funktionieren und nur hin und wieder in die wirkliche Welt auf Besuch zu gehen.
　Dies kann sowohl Segen als auch Fluch sein.

Im Folgenden wollen wir versuchen, diese Dynamik etwas besser zu verstehen.

Körper und Geist haben die Tendenz, immer wieder auseinanderzudriften.
　Diese Polarität könnte man folgendermaßen darstellen:

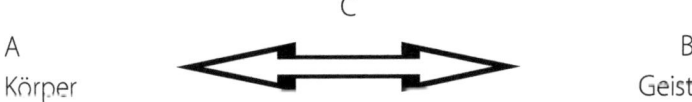

```
         C
A                                          B
Körper                                     Geist
```

Der Mensch ist:

A) hauptsächlich auf den eigenen Körper fixiert,

B) in tagträumerischen Gedanken versunken,

C) im BodyAnchoring: der Geist verankert im Körper.

Wie Sie sehen können, nimmt das BodyAnchoring eine Mittelposition ein. (Was übrigens auch dem ‚Mittleren Weg' des Buddhismus entspricht.)

Der Körper ist präsent und im Fokus der Aufmerksamkeit, und gleichzeitig können Gedanken kommen und gehen.
　Ein Hauptmerkmal des BodyAnchoring ist die Nichtidentifikation mit den Gedanken: Sie haben Gedanken – Sie sind jedoch nicht Ihre Gedanken. Sie sind viel mehr!

## Was ist BodyAnchoring?

BodyAnchoring ist eine Meditationspraxis, bei der ein möglichst kontinuierlicher Körperbezug ‚installiert', trainiert und gepflegt wird. Darauf aufbauend ergibt sich die Möglichkeit einer bewussteren und effizienteren Gedankensteuerung.

Das BodyAnchoring beginnt einfach und baut langsam auf. Es kann wohldosiert und daher problemlos in den Alltag integriert werden. Kein Lärm – kein Klimbim – kein Aufsehen – keine Kosten! Das Funktionieren im Alltag bleibt gewahrt. Man muss sich nicht ‚ausklinken' oder gar ganz aussteigen. Und dennoch ist BodyAnchoring ausbaufähig, wenn Lust und Bereitschaft vorhanden sind.

Das Ziel ist die nachhaltige Verankerung der Aufmerksamkeit im Körper und die damit einhergehende Ausweitung der bewussten, achtsamen Zeiten im Alltag.
    Dabei ist zentral, locker und unangestrengt zu bleiben. Es geht nicht darum, noch etwas Zusätzliches in den Terminkalender aufzunehmen.

BodyAnchoring ist etwas durch und durch Natürliches. Den Zugang zu diesem, wie ich postuliere, uns wesenseigenem ‚Naturzustand', haben wir beinahe verloren. Vor lauter Denken, Planen, Abwägen und Entscheiden nehmen wir den Körper nur noch als mühsames, oft Schmerzen verursachendes Anhängsel wahr, welches unseren kopflastigen Zielen im Wege steht.

Wichtig sind positive Anfangserlebnisse: „Ah – das tut gut, das bringt mir etwas, das nährt mich auf verschiedene Weise" etc.
Dabei soll auch die Freude nicht fehlen!

BodyAnchoring soll guttun und positive Wirkungen hervorbringen. Dann werden Sie es weiter praktizieren – nicht weil Sie sollten, sondern weil Sie Lust und Freude daran haben und den Nutzen eins zu eins bei sich spüren können.

Gehen Sie mit Ihrer Aufmerksamkeit zu Ihren Fußsohlen und verankern Sie sich dort. Verweilen Sie einen Moment und genießen Sie die Gegenwart.

## BodyAnchoring als Methode

Diese Methode lässt sich folgendermaßen definieren:

BodyAnchoring ist ein lockeres, immer wieder zu erinnerndes Hin- und Herpendeln der Aufmerksamkeit zwischen Körper, Geist und gerade ausgeführten Tätigkeiten, zum Zwecke möglichst andauernder Präsenz in der Gegenwart und einer wirkungsvollen Gedankensteuerung.

Es beruht auf folgenden Annahmen:
- Die Menschen haben das Bedürfnis, vermehrt in der Gegenwart zu leben.
- In Gedanken versunken, sind sie nicht wirklich in der Gegenwart.
- Ohne irgendeine Verankerung im Körper ist es nicht möglich, in der Gegenwart zu verweilen.
- Ohne Verankertsein im Körper werden uns die Gedanken mit sich reißen und eine sinnvolle Gedankensteuerung verhindern.
- Diese Verankerung kann aufgebaut, gepflegt und geübt werden.

Der Hauptgrund für die Wahl des Körpers als Fokus des BodyAnchoring besteht darin, dass er das uns naheliegendste Objekt ist, welches immer in der Gegenwart ruht. Daher ist es am naheliegendsten und ‚einfachsten', uns immer wieder auf unseren Körper zu beziehen. Durch sein Ruhen in der Gegenwart bringt er uns jedes Mal zuverlässig in ihren Schoß zurück. Wir dürfen uns das Gegenwärtigwerden nicht noch komplizierter machen und nehmen daher dankbar seine Unterstützung an.

Wie gehen Sie nun konkret vor, wenn Sie BodyAnchoring praktizieren?

1) Wahl eines Hauptkörperankers. (Ein Körperanker ist eine Körperstelle, auf die Sie Ihre Aufmerksamkeit immer wieder lenken können.)

Sie haben bereits mit Ihren Fußsohlen experimentiert und Erfahrungen gesammelt.
  Es sind selbstverständlich auch andere Körperanker möglich. Dort, wo Sie Ihren Körper am besten und leichtesten spüren, ist ein Körperanker sinnvoll.

Beispiele geeigneter Körperanker:
- Bauchdecke, die sich rauf und runter bewegt
- Brustkorb, der sich bei jedem Atemzug ausdehnt und zusammenzieht
- Rücken, der in Kontakt mit der Rücklehne Ihres Stuhls ist
- Nasenflügel, die die vorbeistreichende Atemluft spüren
- der Herzschlag, den Sie an einem bestimmten Ort in Ihrem Körper spüren oder
- eine weitere, für Sie geeignete, Körperstelle

Als Körperverankerung ist prinzipiell jede Körperstelle oder jeder Körperteil möglich.
  Erfahrungsgemäß bieten sich Körperstellen besonders an, die von Ihnen positiv besetzt sind und an denen sich kontakt- oder bewegungsmäßig etwas abspielt. Wenn das der Fall ist, kann sich die Aufmerksamkeit dort am besten verankern.

Zu Beginn schlage ich Ihnen vor, bei Ihren Fußsohlen als Hauptkörperanker zu bleiben.

Wo und wie berühren diese gerade jetzt den Boden? Gehen Sie nun mit Ihrem Bewusstsein dorthin und verweilen dort einen Moment.

Sie sind jetzt an Ihrer Kontaktfläche Fußsohle im Körper verankert. Da Ihr Körper immer bereits in der Gegenwart existiert, sind Sie durch diese Verbindung ebenfalls in der Gegenwart – im Hier und Jetzt.

Wie fühlt sich das an?

Ist das für Sie ein erstrebenswertes Gefühl, das Sie immer mal wieder und immer länger halten möchten?

Bleiben Sie noch einen Moment dabei, und wenn es sich positiv anfühlt, genießen Sie es.

Anmerkungen zur Übung:

Von außen gesehen passiert nicht viel. Sie sind anwesend, ruhen oder gehen weiter einer Beschäftigung nach. Innerlich ist jedoch einiges verändert:

Ihre Aufmerksamkeit ist jetzt nämlich geteilt! Das heißt, ein Teil Ihrer Aufmerksamkeit fließt zu Ihrer Kontaktfläche – ein anderer Teil bleibt bei gerade ausgeübten Tätigkeiten. Es besteht eine Art Parallelität oder Gleichzeitigkeit Ihrer internen Ausrichtung. Dies ist für die meisten ein neuartiger Daseinsmodus, der zu Beginn noch gewöhnungsbedürftig sein dürfte.

Mit zunehmendem Training und hoffentlich begleitend eintretenden positiven Gefühlen wird dieser Zustand der geteilten Aufmerksamkeit immer leichter und natürlicher.

Wenn Sie sich nun für Ihren bevorzugten Körperanker entschieden haben, bleiben Sie bitte vorerst dabei. Auf diese Art weiß Ihr Unterbewusstsein, worauf es sich rückbeziehen soll. Es entsteht ein ‚Bahnungseffekt', welcher den Fortgang der Übung positiv beeinflussen wird.

Falls zu einem späteren Zeitpunkt ein Wechsel zu einem anderen Anker angezeigt ist, können Sie selbstverständlich wechseln.

2) Immer wieder mit der Aufmerksamkeit zum Körperanker zurückkehren:

Gehen wir im Folgenden davon aus, dass Sie sich für die Kontaktfläche Fußsohle als Hauptkörperanker entschieden haben.

Sie wenden sich also von nun an immer wieder, so oft Sie sich daran erinnern, mit Ihrer Aufmerksamkeit Ihren Fußsohlen zu. Der Vorteil dieser Körperstelle ist, dass sie sozusagen immer mit Ihrer Außenwelt in Kontakt steht. (Hier ‚feuern' die betreffenden Zellen in Ihrem Gehirn am auffälligsten!)

Weil da etwas passiert, schaffen Sie es, einige Momente (so lange wie möglich) dort zu verweilen. Und es vielleicht sogar zu genießen …?

Früher oder später werden sich Gedanken melden. Sie werden in Ihrem Bewusstseinsfeld auftauchen. Das ist ihr Job! Sie tun das nicht aus Bösartigkeit oder weil sie gerne Störenfriede sind, sondern weil sie es seit jeher gewohnt sind. Sie wollen eigentlich helfen und unterstützen. Vor allem wollen sie uns auf Dinge aufmerksam machen, die noch erledigt werden sollten oder die für unser Überleben wichtig zu sein scheinen.

Nun hat sich jedoch eine übergeordnete Instanz (Sie selbst!) zum Ziel gesetzt, über den Körperanker in der Gegenwart zu bleiben. Folglich werden Sie Ihren Gedanken keine Folge leisten, sich mit ihnen nicht identifizieren, ihnen nicht gehorchen und ihnen nicht nachhängen. Sie beobachten zwar, wie diese auftauchen und auch wieder vergehen, bleiben jedoch durch Ihre Verankerung im Hier und Jetzt. Immer wieder kehren Sie sanft und bestimmt mit Ihrer Aufmerksamkeit zu Ihrem Körperanker zurück. Im Zustand des Verankertseins ist weiteres Beobachten der Gedanken möglich. Sie müssen also nicht verdrängt oder unterdrückt werden.

Die Gedanken lieben das vorerst gar nicht. Sie werden protestieren und rebellieren, auf die Barrikaden gehen, Ihnen Schuldgefühle machen und noch vieles mehr! Seien Sie darauf gefasst und vorbereitet. Das gehört alles zum ‚Spiel' des BodyAnchoring.

Zu diesem Zeitpunkt sind Ihre Beharrlichkeit und Ihr Durchsetzungsvermögen gefordert. Wer ist der Herr, die Herrin im Haus? Sie oder Ihre Gedanken? Wer will BodyAnchoring praktizieren?

Dieser Machtkampf darf nicht unterschätzt werden. Sie als Herr/-in müssen sich die Macht über Ihren Geist und Körper zurückerobern.

Übung, Ausdauer, nützliche Tools und alle Hilfsmittel, welche Ihnen zur Verfügung stehen, werden Sie brauchen. Es ist möglich! Geben Sie nicht auf!

Gratuliere! Sie praktizieren BodyAnchoring.

Damit Sie diese Praxis nachhaltig in Ihren Alltag integrieren können, empfehle ich Ihnen eine doppelte, sich ergänzende, Praxis: formell und informell.

**Die formelle Praxis**

Ich empfehle Ihnen eine tägliche Sitzung von 10 Min. (mit Timer, Küchenuhr etc. unbedingt!). In dieser Zeit praktizieren Sie ausschließlich BodyAnchoring. Ideal wäre: gleicher Ort und gleiche Zeit. Sie können diese 10 Min. selbstverständlich auch irgendwo in Ihrem Tagesablauf einfügen.

Setzen Sie sich dazu bequem hin – wenn möglich mit aufrechtem Rücken.

Bekräftigen Sie gegenüber sich selbst Ihre Absicht, nun 10 Min. formell zu meditieren. Das beinhaltet auch, den Körper in dieser Zeit ruhig halten zu wollen.

Stellen Sie den Timer auf 10 Min.

Verbinden Sie sich mit Ihrem Körperanker.

In den folgenden 10 Min. darf in Ihrem Geist passieren, was passieren will. Alles ist okay.
 Im Hintergrund besteht potenziell die Möglichkeit für den Geist, sich immer wieder auf den Körperanker zurückzuziehen.
 Erstaunlicherweise kehrt der Geist stets aufs Neue von selbst zum Anker zurück. Es reicht, diese Absicht zu Beginn der Meditation zu bekräftigen und den Körper ruhig zu halten.

Nach dem Klingelton des Timers gratulieren Sie sich für Ihren Einsatz und fahren mit Ihrem Tagwerk fort.
 Das formelle Üben wird bereichernd auf Ihren ganzen Tag ausstrahlen und Sie in der informellen Alltagspraxis wesentlich unterstützen.
 Es steht Ihnen selbstverständlich frei, die Zeitdauer zu einem späteren Zeitpunkt auszudehnen.

**Die informelle Praxis**

Diese sieht wie folgt aus:

Im Alltag erinnern Sie sich immer wieder daran, BodyAnchoring zu praktizieren: wo immer Sie auch gerade sind, was auch immer Sie gerade tun.

Dazu benötigen Sie ein von Ihnen kreiertes, auf Ihre Situation angepasstes System von Erinnerungshilfen. (s. unten)

BodyAnchoring und Alltagsaktivitäten finden parallel und gleichzeitig statt.

Gehen Sie mit Ihrer Aufmerksamkeit zu Ihren Fußsohlen und verankern Sie sich dort. Verweilen Sie einen Moment und genießen Sie die Gegenwart.

**Das Training beginnt**

Ich hoffe, Sie hatten bis hierhin schon einige positive Erfahrungen beim Üben.

Damit das BodyAnchoring auch nachhaltig greift und Ihnen möglichst in Fleisch und Blut übergeht, muss es in den Alltag integriert werden. Das heißt, Sie stehen vor der Herausforderung, sich daran immer wieder zu erinnern.

Der Körper ‚ruft' normalerweise nicht von sich aus nach Verankerung. Er macht sich vor allem dann bemerkbar, wenn er Schmerzen hat oder Bedürfnisse wie Hunger und Durst.

Es ist daher entscheidend, dass Sie lernen, aktiv und freiwillig auf Ihren Körper zuzugehen d. h. sich mit ihm zu verbinden, sich in ihm zu verankern. Auf diese Weise ‚installieren' Sie allmählich eine immer stärker und selbstverständlicher werdende Verbindung zu Ihrem Körper – was auch bedeutet: zur Gegenwart.

Um diese Aufgabe zu bewältigen, braucht es ein kluges Erinnerungs- bzw. ‚Selbstüberlistungssystem', welches Ihre Vergesslichkeit diesbezüglich austrickst.

Sie müssen sich auf irgendeine Art und Weise dazu bringen, sich immer wieder, ohne offensichtlichen äußeren Grund, mit Ihrem Körper zu verbinden, ihn in Ihr Bewusstsein einzublenden und sich so im Hier und Jetzt zu verankern. Nur aus dieser verankerten Gegenwärtigkeit heraus kann Ihr innerer Beobachter effizient operieren und seine Funktion ausführen: Das konstante Beobachten von Gedanken und Gefühlen aus sicherem Abstand.

*Exkurs: Knacknuss Vergesslichkeit*

Wir dürfen uns nicht darüber hinwegtäuschen, dass unsere Vergesslichkeit bezüglich Üben, Trainieren und Dranbleiben enorm stark ist.

Ein kreatives System zur Erinnerung ist daher unabdinglich.

Ich schlage Ihnen das ‚Weckersystem' vor, welches auf Georges I. Gurdjieff zurückgeht. Gurdjieff war ein spiritueller Lehrer, der anfangs des 20. Jahrhunderts seine Schüler in Russland und Frankreich unterrichtete.

Als er feststellte, dass fast alle Menschen im Halbschlaf in ihre Gedanken versunken und tagträumend ihr Leben lebten, begann er, sogenannte ‚Wecker' zu entwickeln.

Wie ein wirklicher Wecker uns morgens aus dem Schlaf weckt, sollten auch seine Wecker im Alltag diesen Zweck erfüllen.

Für unsere Zwecke im BodyAnchoring können wir die Idee der Wecker mit großem Nutzen übernehmen.
Sie sollen uns ans BodyAnchoring erinnern und uns dabei unterstützen, unsere Absicht nicht zu vergessen.

Anders ausgedrückt heißt das: Wenn der Wecker wahrgenommen wird (… weil er ‚klingelt'), praktizieren Sie BodyAnchoring!

Ich möchte Ihnen im Folgenden ein paar Beispiele für mögliche Wecker geben. Sie sind eingeladen, für sich selbst noch weitere eigene zu entwickeln.

Als Wecker können dienen:
- wenn ich ein Handy höre oder sehe
- wenn ich eine Türe öffne
- wenn ich Wasser aus einem Hahn laufen lasse
- wenn ich Kirchenglocken höre
- wenn ich mein Post-it am Badzimmerspiegel sehe
- ein kleiner Stein im Hosensack
- gewisse Tätigkeiten, z. B. Zähneputzen, mit der nicht dominanten Hand ausführen

usw.

Was machen Sie dann? Richtig! Sie erinnern sich an Ihre Absicht, BodyAnchoring zu praktizieren – und nutzen die Gelegenheit jetzt gleich.

Wichtig!

Die Wecker-Strategie funktioniert nur, wenn die Wecker von Zeit zu Zeit gewechselt werden.

Sie bedürfen auch der ‚Aufladung':
Das bedeutet, dass ich diesen Gegebenheiten bewusst und wiederholt die gewünschte Weckfunktion zuordne. Es muss mir voll und ganz klar sein, was ich beim Wahrnehmen eines Weckers tun will, z. B. meine Kontaktflächen spüren und mich dadurch verankern.

Gehen Sie mit Ihrer Aufmerksamkeit zu Ihren Fußsohlen und verankern Sie sich dort. Verweilen Sie einen Moment und genießen Sie die Gegenwart.

Aufgrund der Tatsache, dass in unser aller Leben die Gewohnheitsenergien eine große Rolle spielen, sind wir aufgerufen, gewappnet und vorbereitet zu sein.

Daher ist es neben einer regelmäßigen formellen Praxis empfehlenswert, noch weitergehende Maßnahmen (vor allem für die informelle Praxis) in Betracht zu ziehen:

**Weitere Strategien zur Aufrechterhaltung Ihrer Übungspraxis:**

- Leichte Verlangsamung: alles etwas langsamer und ruhiger tun (… einen Gang runterschalten).

- Visualisieren: Stellen Sie sich selbst immer wieder vor, möglichst lebendig und mit Einbezug aller Sinne, wie es aussieht und sich anfühlt, wenn Sie BodyAnchoring praktizieren. (Sie wissen das, denn Sie haben schon Erfahrungen damit.)

- Absichtserklärung/Entschlusserneuerung: Jeden Morgen, beim Aufstehen, erneuern Sie Ihren Entschluss, dass Sie heute BodyAnchoring praktizieren wollen.

- Lockerheit: Nehmen Sie BodyAnchoring von der lockeren und leichten Seite. Es ist für Sie ein Genuss, mit Ihrer Körperlichkeit in Verbindung zu stehen.
  Gönnen Sie sich zwischendurch auch BodyAnchoring-freie Zeiten. Der Geist darf hinfliegen, wohin er will. Gestatten Sie sich hin und wieder einfach nur tagzuträumen – die Seele baumeln lassen. Auch bei guten Filmen oder spannenden Büchern darf das BodyAnchoring ausnahmsweise mal hintanstehen. Versuchen Sie trotzdem anschließend, das Zepter wieder in die Hand zu nehmen und mit dem Praktizieren fortzufahren.

- Ihnen Freude bereitendes Körper- und Fitnesstraining. Durch ein verbessertes Körpergefühl wird das BodyAnchoring enorm erleichtert.

- Tagebuch führen: jeden Tag einen kleinen Eintrag zum BodyAnchoring. Sammeln Sie positive Erfahrungen!

- Suchen Sie sich Gleichgesinnte – zum Diskutieren und Üben.

- Lesen Sie einschlägige Bücher.

- Pflegen Sie Ihre regelmäßige formelle Übungspraxis.

- Erneuern und aktivieren Sie immer wieder Ihre Wecker.

- Entdecken und entwickeln Sie eigene Strategien.

## BodyAnchoring und Denken

Häufig sind wir im Kopf – am Denken und Grübeln. Der Körper fordert vor allem mit Bedürfnissen und Schmerzen hin und wieder unsere Aufmerksamkeit.

Der Geist mit seinen Gedanken genießt die Freiheit und Leichtigkeit seines Wesens. Er trennt sich deshalb oft vom erdgebundenen und schwerfällig wirkenden Körper. Wenn dieser sich nicht meldet, scheint alles in Ordnung zu sein.

Diese Spaltung versucht das BodyAnchoring aufzuheben, indem es uns ermöglicht, das Denken zu beobachten, anstatt sich mit ihm zu identifizieren.

Ein Umdenken bezüglich unserer Körperbezogenheit ist angezeigt: Wir gehen auf den Körper zu, verbinden uns immer wieder mit ihm, ohne zu warten, bis er uns ‚ruft'.

Bodyanchoring nutzt so den Körper, um im Alltag bewusster, wacher und präsenter zu leben.

Wenn Sie mit dem Trainieren des BodyAnchoring beginnen, werden Sie schon bald auf ein interessantes Phänomen stoßen: Viele Gedanken werden in Ihrem Geist auftauchen. Diese waren größtenteils schon vorher da – nun jedoch nehmen Sie sie bewusster wahr. Wie können Sie mit diesen Gedanken umgehen? Wie können Sie trotzdem BodyAnchoring weiter praktizieren?

Zu Beginn erweckt es den Anschein, dass BodyAnchoring und Denken inkompatibel seien. Extreme Konzentration auf einen Körperteil macht das Denken sozusagen unmöglich.

Es ist jedoch möglich, die beiden kreativ zu verbinden. Der ‚Trick' besteht in der weiter unten ausgeführten Beobachtung der Gedanken mithilfe des BodyAnchoring.

Dies ermöglicht Ihnen eine effiziente Gedankensteuerung und kreatives, da körperintegrierendes Denken.

Ist das BodyAnchoring erst mal gefestigt, kann man zwischen Körpergefühl und Denken pendeln. Dies kann bis zu einer gefühlten ‚Gleichzeitigkeit' gesteigert werden. Es ist dann, als ob der Körper aktiv in den Denkprozess mit einbezogen ist – mit all seiner Weisheit …

Man könnte dies auch als körperorientiertes, körperbezogenes Denken bezeichnen. Sicherlich erhält das Denken dadurch eine zusätzliche Dimension.

### Dem Denken seinen Platz zuweisen

Der Denkapparat ist beim Menschen inflationär gewachsen. Dadurch haben sich ihm viele neue und interessante Möglichkeiten eröffnet. Beispielsweise wurden große Fortschritte in den Naturwissenschaften erzielt.

Diese neuen Errungenschaften haben aber auch dazu geführt, dass das Denken eigenmächtig, automatisch und dominant wurde. Zunehmend verlieren die Menschen die Kontrolle bzw. Steuerungsmöglichkeiten über ihr Denken. Es tut, was es will, wann es will und wie intensiv es will. Mit viel Aufwand können wir es hin und wieder mit unserer Konzentrationsfähigkeit zu produktiver Leistung bringen. Nichtsdestotrotz lässt es sich nur sehr schwer bändigen, steuern und schon gar nicht abschalten.

Dies ist vor allem dann ärgerlich, wenn konzentriertes Arbeiten oder erholsame Nachtruhe angesagt wären.

Einschlafprobleme infolge Grübelns und Gedankenkreisens haben enorm zugenommen. Der Griff nach Betäubungsmitteln jeglicher Art ist in verführerische Nähe gerückt. Das Spektrum geht von seichter Unterhaltung, Computer- und Fernsehkonsum bis zu Medikamenten-, Alkohol- und Drogenmissbrauch.

Das sich ständig in den Vordergrund schiebende, sich regelrecht aufdrängende, unproduktive bis destruktive Denken, verdrängt zunehmend das originelle, kreative Denken. In diesem Sinne ist die Denkfähigkeit eine durchaus ‚zweischneidige' Gabe.

Wie ein Messer zum Brotschneiden oder als Waffe gegen sich und andere eingesetzt werden kann, so können Denkprozesse dem Menschen dienlich sein oder schaden.

Das Denken ist auf dem Helfertrip: Es will unterstützen, warnen und uns bei allem helfen – auch bei Angelegenheiten, für die es total inkompetent ist. Mit großer Inbrunst bietet es sich uns immer wieder an. Wehe, wir wagen es, nicht mitzumachen. Dann schreit es laut und heftig auf und entwirft sogleich Schreckensszenarien. Sein Ziel ist es, uns wieder in seinen Bann zu schlagen.

Das Denken ist hartnäckig und kann nicht leicht gebändigt werden. Wir haben ihm ja auch schon allzu lange freie Hand gelassen und uns sogar mit ihm identifiziert.

Kein Wunder, wurde es eigenmächtig, eigensinnig und dominant.

Und dennoch darf es nicht verteufelt werden – nein, sogar gewürdigt soll es werden, damit es seinen ihm zustehenden Platz einnehmen kann.

Gerade durch seine Würdigung und Wertschätzung wird es zur Kooperation bereit sein.

Hier passt das Bild des Hausherrn oder der Hausherrin sehr gut: In ihrem Hause arbeiten Bedienstete. Sind die beiden längere Zeit abwesend, nehmen die Bediensteten die Leitung des Hauses in die eigene Hand. Gewisse spielen sich dann auf und gebärden sich als die neuen Herren des Hauses.

Kommen Hausherr und Hausherrin zurück, müssen sie zuerst Ordnung schaffen und den Dienern ihre angestammte Funktion wieder zuweisen.

Hausherr und Hausherrin stehen für das durch BodyAnchoring verankerte Bewusstsein. Dieses kann dem Diener ‚Denken' wieder seine Rolle und Aufgabe im Haushalt zuweisen.

Als dieser Diener leistet das Denken durchaus wertvolle und nützliche Arbeit. Dafür soll es geschätzt und gewürdigt werden.

Das Denken ist uns dann ein wertvoller Diener, wenn es uns bei der Lebensbewältigung konstruktiv unterstützt. Was minimiert werden soll, ist das Grübeln bzw. das unproduktive, automatische, aber ungemein energieraubende Gedankenkreisen.

Entscheidend ist hier ausschließlich der sinnvolle Umgang mit dem Denken in der Praxis des BodyAnchoring.

Das Denken bekämpfen oder abschalten wollen, macht es nur noch wilder, aufdringlicher und eigenmächtiger. Ihm völlig freie Hand geben und ihm die Vorherrschaft überlassen – ist auch keine Option, da wir ihm dann total ausgeliefert sind und jegliche Einflussnahme, vor allem bei negativen Tendenzen, immer schwieriger wird.

Zu unserem Glück hat schon Buddha vor 2500 Jahren eine Methode aufgezeigt, wie wir mit unseren häufig Leid verursachenden

Gedanken umgehen können. Diese wurde bis heute weitergegeben, weil sie sich bewährt hat.

Sie besteht in der teilnehmenden, achtsamen Beobachtung der Geistesprozesse bzw. der Gedanken, Gefühle und Körperempfindungen.

**Der ‚Innere Beobachter'**

Verankerte Gegenwärtigkeit ermöglicht die Herausbildung der äußerst hilfreichen psychischen Instanz des Inneren Beobachters.

Ist dieser Innere Beobachter im Körper ‚installiert', ist es möglich, aus ihm heraus schwierige Gedanken und Gefühle wahrzunehmen, ohne sich mit ihnen zu identifizieren. Dadurch verlieren diese gewaltig an Macht und Einfluss. Das Individuum wird dadurch erst in die Lage versetzt, sich mit diesen starken Energien auf konstruktive Art und Weise auseinanderzusetzen. Ängste und Widerstände werden enorm reduziert.

Erst die Beobachtung ermöglicht einen adäquaten Umgang mit Gedanken und Gefühlen.

Alle Gefühle, und vor allem auch die schwierigen wie Wut, Angst, Hass etc., wollen gefühlt, anerkannt und gewürdigt werden. Nur so können sie ihre ‚Botschaft' abgeben und sich transformieren.

Durch Bekämpfen, Verdrängen und sie weghaben wollen – erstarken sie oder werden in den Untergrund verbannt. Von dort bedrängen sie uns dann nur umso schlimmer.

Ohne BodyAnchoring kann der Innere Beobachter nicht lange auf seinem Posten bleiben und seine Funktion erfüllen. Die Gedanken, Gefühle und Empfindungen würden ihn alsbald mitreißen.

Der Innere Beobachter ist daher ein zentrales Werkzeug einer effizienten Gedankensteuerung bzw. eines kreativen, körperintegrierenden Denkens.

*Exkurs zum Inneren Beobachter:*

Die Welt ist, wie sie ist. Zur Welt gehören mein Körper, meine Gedanken und Gefühle, andere Menschen und alle Dinge.
Am besten lebt es sich, wenn man sie so annimmt oder gar liebt, wie sie sich uns darbietet. Jegliches Kämpfen gegen die Welt, wie sie ist, führt zu Leiden.

Der Trick oder Schlüssel ist folgender:
Ich verbinde mich mit dem Objekt der Welt, das mir am nächsten ist: meinem Körper (BodyAnchoring).
Wenn ich das kontinuierlich übe, gelange ich in einen größeren Bewusstseinsraum.
Aus diesem heraus kann ich die Welt wahrnehmen mit allem, was dazugehört: meinen Körper, meine Gedanken und Gefühle, andere Menschen und Dinge.
Ein gewisser Abstand führt zu einer objektiveren Wahrnehmung all dieser Phänomene.

**Die Drachenmetapher**

Ich möchte Ihnen zur Veranschaulichung dieses Denkmodus die ‚Drachenmetapher' vorstellen:

Selbstverständlich kann ein Papierdrachen auch ohne Schnur fliegen.

Lassen Sie ihn auf diese Art steigen, fliegt er hierhin und dorthin. Und schwups – ist er weg oder liegt auf der Wiese.

Wäre er ein Wesen mit Gefühlen, würde es ihm selbstverständlich nicht passen, an eine Schnur gebunden zu werden.

Er fühlte sich in seinem Freiheitsdrang eingeschränkt.

Bald jedoch, sobald er mithilfe des Windes ein wenig an Höhe gewinnt, beginnt er seltsamerweise den Zug der Schnur nach unten zur Erde hin zu schätzen. Sie scheint ihm, wider Erwarten, sogar Auftrieb zu geben. Nun beginnt er seinen Flug zu genießen und spielt und tanzt mit dem Wind.

Ähnlich ist es auch mit unserem Denken. Wird es durch BodyAnchoring geerdet, kann es sich, wider Erwarten, noch besser entfalten und ist sogar zu Höhenflügen fähig.

Übung für das Beobachten von Gedanken:

Verbinden Sie sich mit Ihrem ausgewählten Körperfokus: Kontaktflächen (z. B. Ihre Fußsohlen, die Empfindung der Atemluft an Ihren Nasenflügeln, Ihre Bauchdecke oder ein anderer Körperbereich).

Halten Sie die Aufmerksamkeit dort, und stellen Sie sich vor Ihrem inneren Auge eine Leinwand vor. Alle Gedanken, die auftauchen, sehen Sie auf Ihrer Leinwand. Sie lassen die Gedanken kommen und gehen. Sie bleiben auf dem ‚Zuschauerstuhl' sitzen.

Fahren Sie fort, solange es Ihnen gefällt. Nehmen Sie wahr, was diese Übung mit Ihnen macht. Speichern Sie dieses Gefühl ab. Das wird es Ihnen erleichtern, die Praxis zu vertiefen.

Die folgenden Inputs und Anregungen dienen dem gleichen Ziel.

# Aspekte der Umsetzung im Alltag

**Tun, was ich tue (bewusst handeln)**

Dieses wichtige Prinzip der Achtsamkeitspraxis ist für das BodyAnchoring enorm wichtig.

Indem ich mich voll und ganz auf mein Tun einlasse und mit Körper, Geist und Seele dabei bin, verankere ich mich nachhaltig in meinem Körper.

Das bewusste Handeln fördert auf diese Weise meine Funktionsfähigkeit im Alltag. Man spricht daher auch von einer Meditation in Aktion oder von Alltags-Meditation. Damit ist gemeint, dass im Alltag ein meditativer Zustand angestrebt wird.

Dabei gibt es eine interessante Wechselwirkung zwischen der Dynamik der Achtsamkeit und dem BodyAnchoring:

Das Bestreben, mich im Alltag achtsam zu bewegen, führt zu einer Fokussierung der Aufmerksamkeit auf den Körper und damit zu einer Körperverankerung.

Andererseits fördert mein bewusstes Verankert-sein-Wollen im Körper die Energie der Achtsamkeit.

**Alltagskompatibilität**

BodyAnchoring ist zu 100 % in den Alltag integrierbar. Mit zunehmender Übung kann es synchron zu allen Alltagsaktivitäten praktiziert werden. Obwohl zu Beginn etwas gewöhnungsbedürftig, vertieft und bereichert es das Alltagsleben in hohem Maße.

Ohne Alltagskompatibilität geht heute nichts mehr. Auch eine spirituelle Methode muss sich in unseren westlichen, oft stressigen, Alltag integrieren lassen.

Sie muss Freude machen und uns guttun, sonst beginnen wir gar nicht erst mit der Praxis.

BodyAnchoring erfüllt diese Anforderungen vollständig. Es ist individuell anpassbar, ohne Vorkenntnisse anwendbar und seine Wirkungen können unmittelbar erfahren werden.

Ein Minimum an Disziplin und ‚Abenteuerlust' sowie einige der in diesem Buch angebotenen Ideen werden Ihnen Ihre ‚Reise ins Land der Gegenwart' erleichtern.

Gehen Sie mit Ihrem Bewusstsein zu Ihren Füßen.

**Bewusstes Atmen (‚Die Königsdisziplin')**

Das bewusste Atmen ist, ergänzend zur Wahrnehmung der Kontaktflächen, ein hervorragendes und äußerst hilfreiches Element des BodyAnchoring. Es ist jederzeit und bei jeder Gelegenheit praktizierbar.

Mit Vorteil nimmt man den Atem an einer Körperstelle wahr, an der er am lebendigsten wahrgenommen wird und daher am effizientesten gespürt und beobachtet werden kann.

Die meisten Menschen wählen die Bewegungen der Bauchdecke während des Atemvorgangs oder die Empfindung der ein- und ausströmenden Luft am Naseneingang. Dort ‚passiert' etwas, und das Beobachten fällt uns daher leichter.

Das bewusste Wahrnehmen des Atems wird somit zum zentralen Verankerungspunkt für unsere Aufmerksamkeit. Zu ihm können wir immer wieder zurückkehren und landen auf diese Weise unmittelbar in der Gegenwart.

Wenn die Konzentrationsfähigkeit genügend stark ist, kann der Atem vorübergehend verlassen werden. Die Aufmerksamkeit wird dann etwas anderem zugewandt. Danach kann man wieder zum bewussten Atmen zurückkehren. Dies bedeutet nicht, in Gedanken abzuschweifen oder sich mit ihnen zu identifizieren. Ein gewisser Abstand wird durch die Verankerung gewahrt.

Die Atemwahrnehmung bleibt als mehr oder weniger bewusste ‚Unterströmung' stets da. Entweder sie rückt von alleine wieder ins Bewusstsein, oder ich nehme aus einem Impuls heraus wieder Kontakt mit ihr auf.

**Bewusstes Sinneserleben**

Sinnlichkeit, Sinnfindung, Sinneserleben – all das hängt eng zusammen.

Das bewusste Erleben der Sinnesempfindungen auf allen Kanälen kann die Lebensfreude und die Lebensqualität enorm erhöhen.

Da die Sinne Teil des körperlichen Organismus sind, haben sie das Potenzial, uns im Körper zu verankern, sofern wir uns bewusst mit ihnen verbinden.

Unser Alltagsleben nehmen wir dadurch tiefer und intensiver wahr. Auch das Gefühl von Sinnhaftigkeit erfüllt uns mehr und mehr.

Machen Sie gleich hier eine kleine Übung:

Wie sieht meine Umgebung aus? Welche Farben und Formen nehme ich wahr? Welche Töne und Geräusche höre ich? Wie riecht es hier gerade? Wie fühlt sich das an, was ich gerade in der Hand habe?

Spüren Sie nach, was diese Übung mit Ihnen gemacht hat. Wenn es angenehm war, speichern Sie das Gefühl innerlich ab. Allein die Absicht, sich daran erinnern zu wollen, reicht für das Abspeichern aus.

**Der Freudefaktor**

Der Meditation haftet generell etwas Asketisches an. Reizarme Umgebung und Verzicht seien angesagt, zusammen mit Disziplin und Durchhaltevermögen.

Obwohl diese Aspekte zu gegebener Zeit durchaus hilfreich sein können, nährt sich BodyAnchoring aus gänzlich anderer Quelle.

Der heutige Mensch bleibt bei einer Sache und ist bereit zu üben, wenn er von Beginn an spüren kann, dass sie ihm auf irgendeiner Ebene guttut. Er braucht Erfolgserlebnisse, auf denen er aufbauen kann. Alles Überfordernde, wie lange Meditationszeiten, spezielle Ausrüstung, zu viel Verzicht auf dies und das etc. schrecken ihn eher ab.

Hin und wieder aufkeimende Freude ist ein gutes Anzeichen, dass der Weg stimmt.

Wenn das der Fall ist, nimmt der Mensch auch Herausforderungen in Kauf, welche ihn aus der ‚Komfortzone' herausführen.

Allzu schmerzhafte Anforderungen bezüglich Meditationshaltung (Lotussitz etc.), zu rigide Anleitungen etc. führen zu geringer Alltagskompatibilität und können zu einer Abwehrhaltung gegenüber dem Thema Meditation führen.

‚Spielerische Ernsthaftigkeit' heißt hier das Schlüsselwort. Gehen Sie das Ganze spielerisch mit einer gewissen experimentellen Leichtigkeit an. Es gibt keine Auszeichnungen oder Orden. Die Auswirkungen werden vor allem Sie, und wenn Sie dranbleiben, sicher auch Ihre Umgebung erfahren.

Dass BodyAnchoring Freude bereiten kann, müssen Sie nicht glauben, sondern dürfen es selbst erfahren. Gestalten Sie es auf eine Art und Weise, wie es Ihnen zusagt. Passen Sie es individuell an, und machen Sie es stimmig. Das Einzige, was Sie falsch machen können, ist, sich zu überfordern oder es gar nicht zu praktizieren.

Freudige Erfahrungen brauchen wir, denn sie sind der Treibstoff unserer Motivation und unseres Durchhaltevermögens.

### Die Natürlichkeit des BodyAnchoring

BodyAnchoring ist nichts Aufgesetzt-Zusätzliches, das ich auch noch machen muss.

Es bringt uns in den völlig einfachen, angenehmen und natürlichen Zustand des ‚Seins'. „Ich bin anwesend in der Gegenwart." Nicht mehr und nicht weniger.

Hier können wir viel von Katzen lernen:

Die Katze ist ein Tier, welches beispielhaft immer wieder in einen entspannten Grundmodus zurückkehrt.

Katze ist ruhig, entspannt, schnurrend → Hund taucht auf → Katze geht in Kampf- oder Fluchtbereitschaft → Hund weg → Katze ist wieder ruhig

Von diesem kräfteschonenden Verhalten kann der Mensch viel lernen. Im Gegensatz zur Katze beruhigt er sich auch dann noch lange nicht, wenn die Gefahr schon längst vorüber ist. Er ist sogar imstande, auf nur eingebildete Gefahren so zu reagieren, als wären sie real – und das lange und anhaltend. Das Resultat ist der allseits bekannte Stress mit seinen zahlreichen Folgeerkrankungen im Schlepptau.

Der entspannte Grundzustand hingegen ist primär und daher vorrangig vor dem Denken. Er wird sinnvollerweise nur unterbrochen, wenn Gefahr droht.
   Auch evolutionsgeschichtlich kam die Denkfähigkeit des Menschen erst zu einem späteren Zeitpunkt.
   Seither sind die Menschen gefordert, Sein und Denken zu koordinieren bzw. zu integrieren.
   BodyAnchoring hilft uns, immer wieder zu dieser entspannten Grundhaltung zurückzufinden. Gleichzeitig können wir aus dieser Grundhaltung heraus auch adäquat denken und handeln.

Auf diese Weise werden stressbedingte Erkrankungen enorm reduziert. Unsere Kräfte stehen wieder dem Immunsystem und unserer Persönlichkeitsentwicklung zur Verfügung.

**Den Körper zum Freund machen**

Bei vielen Menschen ist der Hauptgrund des Körperbezugs dann gegeben, wenn Schmerzen vorhanden sind oder der Körper seine Bedürfnisse anmeldet. Den Körper zu spüren ist somit überwiegend ‚negativ besetzt'. Die Herausforderung wird sein, sich immer wieder liebevoll, aus freiem Willen heraus, dem Körper zuzuwenden und ihn zu spüren.

Eine positive und annehmende Beziehung zum Körper ist eine wesentliche Voraussetzung für ein gelingendes BodyAnchoring. Wie soll ich mich immer wieder mit etwas verbinden wollen, das mich hauptsächlich stört, nervt und mir Unannehmlichkeiten bereitet?

Selbstverständlich ist es nicht nur lustig, einen Körper zu haben. Er altert, wird gebrechlich, ist manchmal schwerfällig und hat auch sonst so seine Bedürfnisse und Beschwerden. Nichtsdestotrotz ist er der ‚Tempel unserer Seele'. Wir sind genauso Körper, wie wir Geist und Seele sind.

Im BodyAnchoring schätzen und nutzen wir unsere Körperlichkeit. Durch die stete Erdverbundenheit des Körpers und seine Dauerpräsenz in der Gegenwart können wir durch liebevolle Verbindung mit ihm immer wieder in die Gegenwärtigkeit zurückfinden.

Sowohl eine gesunde Ernährung, eine liebevolle Körperpflege als auch ein angemessenes Fitnesstraining sind für ein erfolgreiches BodyAnchoring äußerst wichtig. Dazu gehören unter anderem auch Tai-Chi und Yoga, Tanzen, Kraft- und Ausdauertrainings sowie Entspannungsübungen, Massagen und Bäder.

Eine gute Körperwahrnehmung wird gefördert und dadurch jegliche Verankerung im Körper enorm erleichtert.

Obige Ausführungen machen deutlich, wie wichtig ein freundschaftliches Verhältnis zum eigenen Körper ist, um diese Praxis nutzbringend auszuführen. Sollte dies noch nicht in genügendem Ausmaß vorhanden sein, muss als Teil des Trainings daran gearbeitet werden.

# Vorteile und Früchte des BodyAnchoring

Von den vielfältigen positiven Wirkungen des BodyAnchoring wollen wir hier nur einige wenige herausgreifen. Da es sich um Hypothesen handelt, sind Sie aufgefordert, diese durch eigene Erfahrung zu überprüfen.

- Körper, Geist und Seele sind vereinigt. Dies ist ein grundsätzlich gesunder, natürlicher und heilsamer Zustand. Er kann zu großem Energiegewinn führen. Es ist, als ob wir dadurch an ein größeres Energiefeld angeschlossen wären.
- Das Immunsystem wird energetisch gestärkt.
- Der Alterungsprozess verlangsamt sich.
- Die auf das Nötige und Hilfreiche reduzierte Geistestätigkeit fühlt sich an wie ‚Ferien für den Geist'.
- Persönliche und energetische Grenzen werden spürbarer.
- Das für mich stimmige Maß tritt klarer hervor.
- Ein adäquater Umgang mit konkreten Lebenssituationen wird wahrscheinlicher.
- Abnahme von Fehlleistungen
- Zunahme von intuitiv stimmigen Entscheidungen
- Negatives Denken und schwierige Gefühle verlieren an Macht über mich und können transformiert werden. Die Emotionsregulation verbessert sich etc.

*Exkurs: Emotionsregulation*

Die Verbesserung der Emotionsregulation entspricht einem großen Bedürfnis unserer Zeit. Viele psychische Störungen basieren auf einer mangelhaften oder schlecht ausgebildeten Fähigkeit, konstruktiv mit eigenen Emotionen umzugehen.

BodyAnchoring führt in die Gegenwart bzw. in den Zustand der Gegenwärtigkeit. Darin besteht die Grundvoraussetzung für eine effiziente Emotionsregulation.

Im Zustand der Gegenwärtigkeit werden Sie jedoch nicht nur Angenehmem und Erfreulichem begegnen, sondern: allem, was ist! Das heißt, auch schwierige und daher verdrängte Emotionen werden auftauchen. Auch sie gehören zu uns und nehmen jede Gelegenheit wahr, sich bemerkbar zu machen. Sie wollen grundsätzlich wahrgenommen, bejahend gefühlt, anerkannt und dadurch gewürdigt werden. Nur so können sie sich transformieren.

Der durch das BodyAnchoring aufgebaute und gestärkte ‚Innere Beobachter', leistet hierbei wertvolle Hilfe. Er ermöglicht es uns, einerseits auf gesundem Abstand zu diesen Phänomenen zu bleiben und sie andererseits würdigend wahrzunehmen. Die Angst vor Vereinnahmung wird reduziert und dadurch ein konstruktiver, annehmender Kontakt zu schwierigen Emotionen möglich.

Erst wenn sinnvolle Emotionsregulation möglich erscheint, wird sich der Widerstand gegenüber Gegenwärtigkeit auflösen.

## Hindernisse und Widerstände beim BodyAnchoring

Ein häufiger Anfängerfehler ist die Erwartung, dass nach ein wenig Üben alles sofort schöner und besser sein wird.

Dem ist oft nicht so – im Gegenteil: Präsent im eigenen Körper und ganz in der Gegenwart zu sein befördert auch viele Unstimmigkeiten, schmerzliche Missstände und Verdrängtes ins Bewusstsein.

Es ist vergleichbar mit dem Tragen einer neu eingestellten Brille für jemanden, der bisher nur unscharf sehen konnte. Die Wirklichkeit hat plötzlich Kanten und Ecken, ist scharf und kann verletzen.

Dazu stinkt sie oft und ist lärmig, stressig, feucht und nass. Wollen wir uns das wirklich antun?

Ein weiterer Punkt sind unsere oben angesprochene Beziehung zum Körper und unser Körperselbstbild. Es ist eine Tatsache, dass der Körper Schmerzen und Bedürfnisse kennt und sie uns auch mitteilt. Das ist Teil seiner Aufgabe. Wenn wir den Körper jedoch darauf reduzieren, werden wir keine gute Beziehung zu ihm haben, und es wird schwerfallen, uns mit ihm zu verbinden.

Die folgende Einsicht ist wichtig: Wir haben nur unseren Körper – so wie er ist. Nur durch Akzeptanz und wohlwollende Zuwendung ist eine fruchtbare Zusammenarbeit zwischen Geist und Körper möglich.

Eine der wichtigen Herausforderungen im BodyAnchoring besteht in der häufigen, freiwilligen und wohlwollenden Kontaktaufnahme mit unserem Körper.

Eine weitere Gegenkraft zum BodyAnchoring ist die Angst des Egos vor Leere und Langeweile.

Als Ego wird hier derjenige Persönlichkeitsteil bezeichnet, welcher vorwiegend am Denken, Funktionieren in der Gesellschaft und am eigenen Überleben interessiert ist.

Wird das Ego mit BodyAnchoring konfrontiert, beklagt es sich über den ‚Sand im Getriebe'. Es befürchtet Schwächung und kündigt daher Widerstand an. Seine Hauptwaffe ist die Angst. Seine Angst soll auf uns übergehen.

Es will uns davor bewahren, dass wir uns durch diese Praxis höchst unbeliebt oder funktionsunfähig machen.

Des Weiteren will es verhindern, dass wir durch BodyAnchoring etwas Wichtiges verpassen könnten, z. B. unsere To-do-Listen, oder dass wir auf eine Handlungsaufforderung, einen Angriff oder eine Kritik, nicht rasch und angemessen genug imstande sein könnten, zu reagieren.

Hier einige Beispiele aus dem Repertoire des Egos, wovor es uns bewahren möchte:

Lethargie, Dumpfheit, Denkfaulheit, emotionsloses Über-allem-Stehen, nur noch Nabelschau, gesellschaftliches Anecken und negatives Auffallen, verlangsamt sein, ohne Spontaneität, hohl, verteidigungsunfähig, verwundbar, daneben, irgendwie anders als die anderen, nicht mehr dazugehören usw.

Ein Beispiel:

Ein Arbeitskollege bittet mich, für ihn etwas zu erledigen. Da ich in meinem Körper verankert bleibe, benötige ich evtl. einige Zeit – ein paar Momente –, bis ich reagiere bzw. antworte bzw. zustimme oder ablehne oder eine Bedenkzeit wünsche.

Diese von außen als Verzögerung oder Verlangsamung wahrgenommene Phase kann für unsere Mitmenschen irritierend sein. Je nachdem werden sie mit Verständnis und Geduld oder mit Verärgerung und Vorwürfen reagieren.
Darauf sollten Sie gefasst und vorbereitet sein.

Auch in einer stressigen Umgebung wie z. B. Mittagszeit in einer Kantine, kann bewusstes, körperverankertes Essen die Aufmerksamkeit anderer auf sich ziehen, weil Sie es evtl. leicht verlangsamt genießen.

Da das BodyAnchoring für das Ego noch ungewohnt ist, meint es, sich dagegen wehren zu müssen. Mit der Zeit werden Sie es überzeugen können, dass seine Befürchtungen unbegründet sind, da sich die Ziele des BodyAnchoring mit seinen decken: Ein glückliches und zufriedenes Individuum, welches sich an seinem Platz in der Gesellschaft wohlfühlt, seine Aufgaben dennoch übernehmen kann und mit sich und der Welt zufrieden ist.

Ein weiterer Aspekt möglicher Hindernisse bei der Praxis des BodyAnchoring ist das Bewusstsein über deren unterschiedliche Schwierigkeitsgrade. Sowohl nur sehr einfache als auch allzu komplexe Übungsumstände können frustrierend wirken. Unter Beibehaltung einer gewissen Lockerheit kann jedoch auf allen Schwierigkeitsgraden geübt und Erfahrungen gesammelt werden.

**Schwierigkeitsgrade**

Die Umsetzung von BodyAnchoring in unterschiedlichen Kontexten erfordert unterschiedliche Strategien.

Welche Situationen bzw. Kontexte als einfach oder schwierig erlebt werden, ist sehr individuell. Es geht darum, dass Sie anschließend für sich selbst eine für Sie stimmige Auswahl bezüglich Schwierigkeitsgrad vornehmen. Der Zweck besteht darin, dass Sie fähig werden, das BodyAnchoring flexibel in unterschiedlichen Kontexten beizubehalten.

Je geübter Sie darin werden, desto leichter wird es Ihnen fallen, die Praxis auch in widrigem Umfeld aufrechtzuerhalten.

Wichtig ist, dass Sie in Ihren Umsetzungsstrategien flexibel bleiben und sich nicht überfordern.

„Es ist noch kein Meister vom Himmel gefallen."

Wer in den unteren Schwierigkeitsgraden übt, wird nach und nach auch in den oberen Graden erfolgreich BodyAnchoring praktizieren können.

Beispiele einer möglichen Reihenfolge/Abstufung bezüglich des Schwierigkeitsgrades für die Praxis des BodyAnchoring: von einfacheren hin zu komplexeren bzw. anspruchsvolleren Situationen:

1. Alleine auf einer Bank am Waldrand sitzen
2. In einem schönen und ruhigen Meditationsraum mit Gleichgesinnten
3. Alleine essen/spazieren gehen, Haushalt erledigen
4. Alleine einkaufen gehen
5. Soziale Interaktionen (wohlwollendes)/lockeres Zusammensein mit anderen Menschen
6. Lesen
7. Am Computer arbeiten/fernsehen
8. Allgemein hektisches und stressiges Umfeld
9. Soziale Interaktionen (fordernd/feindselig)

Zu 1. bis 4.:

Selbstverständlich können gerade solche Situationen einen Gedankenansturm auslösen. Dies stellt dann für gewisse Menschen einen bedeutend höheren Schwierigkeitsgrad dar.

Zu 5. und 9.:

Dieses Gebiet ist sehr anspruchsvoll. Die Höflichkeit und der Anstand gebieten es, dass wir trotz BodyAnchoring unser Gegenüber wahrnehmen, ihm hin und wieder in die Augen schauen und Bezug nehmen zum Gesagten. Zu Beginn der Praxis kann das noch recht schwierig sein, denn wir werden unseren Bezug zum Körper wahrscheinlich immer wieder verlieren.
   Wichtig ist, dass wir uns sanft, aber bestimmt, immer wieder zurückholen, d h. uns an BodyAnchoring erinnern.

Zu 6. und 7.:

Es könnte evtl. auch Sinn machen, gewisse Ausnahmesituationen zu definieren (z. B. eine Kinovorstellung), in denen wir bewusst auf BodyAnchoring verzichten – jedoch mit der Absicht, es anschließend wieder aufzunehmen.

Dies würde einem Überforderungs- oder Versagensszenario vorbeugen. Mit zunehmender Meisterung der Methode geht selbstverständlich in der Folge auch eine stetige Ausdehnung der Anwendungsbereiche einher.

Zu 8.:

Aus der Physik ist bekannt, dass zwei unterschiedlich schwingende ‚Körper' im gleichen Raum dazu tendieren, sich schwingungsmäßig anzugleichen.

Das heißt, entweder Sie werden auch hektisch und gestresst, oder es gelingt Ihnen, BodyAnchoring weiterhin zu praktizieren und so auf Ihr Umfeld einen beruhigenden Einfluss auszuüben. Es versteht sich von selbst, dass das bereits ‚Hohe Schule' ist.

Überfordern Sie sich also nicht. Alle Situationen sind Übungschancen!

**Unser Energieniveau**

Ein nicht zu unterschätzender Faktor ist auch unser Energieniveau. Eine kluge Stressbewältigung, Power-Naps, ausreichend Schlaf und eine ausgewogene Ernährung tragen das ihre dazu bei, dass wir nicht allzu häufig ‚auf dem letzten Zacken' laufen. Sind wir ausgeruht und fit, können wir die anspruchsvollen Situationen erfolgreicher meistern. Bei Müdigkeit und Erschöpfung ist es empfehlenswert, zuerst das Energieniveau anzuheben.

Eine weitere Möglichkeit besteht darin, sich durch bewusstes Atmen mit dem Körper und dadurch mit dem Energiefeld der Gegenwärtigkeit zu verbinden. Diese Strategie geht von der Annahme eines immer anwesenden Energiefeldes aus, welches vor allem im Jetzt, im Zustand der Gegenwärtigkeit, ‚angezapft' werden kann. Bereits diese ‚Maßnahme' kann Sie energetisch aufladen.

## Gegenwärtigkeit

(Der Kern des BodyAnchoring. Das, worum es eigentlich geht. Weil Sie das Leben nicht verpassen wollen!)

Hic et nunc! Sei im Hier und Jetzt!

Diese alte Aufforderung der lateinischen Welt war und ist weit verbreitet. Die meisten von uns stimmen eifrig zu und haben sogar die Absicht, in naher Zukunft vermehrt gegenwärtiger zu sein. Nur – kurz darauf – ist die Absicht bereits wieder vergessen: Umweltreize, Gewohnheiten und der Pendenzengeist übernehmen sogleich wieder das Zepter.

Es ist ja schon eine spannende Frage, wieso wir eigentlich derart Mühe haben, uns in der Gegenwart aufzuhalten und sie zu genießen. Schließlich ist sie alles, was wir haben und wo wir natürlicherweise auch hingehören.

Es ist paradox: Wir sind bereits in der Gegenwart und sind es doch nicht! Wir meinen, wir seien doch immer gegenwärtig, sind es aber selten. Wir meinen, wir handelten bewusst und selbstbestimmt, sind aber auf ‚Autopilot'. Damit ist die Funktionsweise eines Menschen gemeint, welche der eines Piloten ähnelt, der sein Flugzeug nicht selbst steuert, sondern dies einem Computer überlässt. Das Risiko besteht, dass der Pilot nicht geistesgegenwärtig und rechtzeitig zugegen ist, wenn Komplikationen auftauchen.

Jede(r) hat eine Ahnung, wie man in die Gegenwart kommt und wie es sich anfühlt.

Was fehlt, sind systematische Anleitungen und die Motivation, diese Gegenwärtigkeit in unserem Alltag zeitlich auszudehnen. BodyAnchoring will in dieser Richtung Impulse geben.

Gegenwärtigkeit – Präsentsein – ist ein ganz spezieller und spannender Zustand. Das hat unter anderem mit unserem Zeitverständnis zu tun. Wenn es gelingt, unser bisheriges Zeitverständnis zu revidieren, kann uns das einen neuen Zugang zur Gegenwärtigkeit ermöglichen.

Ein neues Zeitverständnis könnte folgendermaßen aussehen:

Es gibt nur die Gegenwart! Wir sind immer nur in der Gegenwart! Es gibt nichts anderes als die Gegenwart!
    Vergangenheit ist nicht mehr – Zukunft ist noch nicht.
    Hier gibt es nun zwei Möglichkeiten: 1. Die Gegenwart existiert so gut wie gar nicht. Oder: 2. Alles, was ist, ist in der Gegenwart. Das Jetzt ist gleichsam ewig.
    Das vergangene Erlebte und das zukünftig Vorweggenommene existieren nur in der Gegenwart. Was bleibt, ist das ‚Hier und Jetzt'.

Ein solches Zeitverständnis erscheint nun aber unserem Ego (Verstand/Fantasie etc.) als reichlich paradox, wenn nicht gar langweilig. Es beginnt Kommentare abzugeben, Geschichten zu erfinden und geistige Konstrukte aufzubauen. Und damit haben wir eine Parallelwelt, in die wir jederzeit hineingehen können oder in die wir oft unwillentlich hineingezogen werden.
    Dieses Spiel des Egos wird gemeinhin als Denken bezeichnet. Das Ego hat es nicht gerne, wenn es nicht mehr spielen kann.

Es wird unsere große Herausforderung sein, wie wir uns dazu bringen können, die Zeiten gegenwärtigen Präsentseins in unserem Alltag zu vermehren. Wollen wir das überhaupt? Und wenn ja – wozu?

Diese wichtigen Fragen müssen geklärt werden, da der Weg des BodyAnchoring eben auch Anstrengung, Disziplin und Bemühung verlangt.

Da Gegenwärtigkeit, Präsentsein, Achtsamkeit und Bewusstheit für das oberflächliche Überleben nicht unbedingt notwendig zu sein scheinen, braucht es eine explizite Motivation, diese Zustände zu kultivieren.

**Was ist Ihre Motivation?**

Was könnte Sie denn nun motivieren, diesen Weg zu gehen und dessen Anstrengungen auf sich zu nehmen?

Folgende Möglichkeiten sind denkbar:
1. Sie erleben den Lebensvollzug auf Autopilot größtenteils als unbefriedigend, da Sie von Gewohnheitskräften getrieben werden.
2. Die folgende Einsicht hat wie eine Bombe eingeschlagen: Es gibt in meinem Leben nur die Gegenwart und nichts als die Gegenwart. Wenn ich nicht in der Gegenwart bin – verpasse ich mein Leben.
3. Die zahlreichen Vorteile eines achtsamen und körperverankerten Lebens werden immer offensichtlicher und spürbarer.
4. Sie leben in einer Umgebung oder begeben sich immer wieder in Situationen, in welchen Achtsamkeit unabdinglich ist. Dies zwingt Sie sozusagen, achtsam und wachsam zu sein, da sonst Ihr Leben gefährdet wäre.
5. Sie begegnen faszinierenden Menschen, die für Sie zu Vorbildern werden.

Spüren Sie Ihre Fußsohlen und bleiben Sie so lange wie möglich bei diesem Körperanker!

Vereinfacht ausgedrückt gibt es zwei Arten, in dieser Welt zu existieren:

A) Was ich auch tue – der Körper bleibt in meinem Bewusstsein ‚eingeblendet', und ich bin gegenwärtig. Das bedeutet, dass ich BodyAnchoring praktiziere.

B) Ich lebe in einer Welt ohne bewussten Körperbezug. Hin und wieder spüre ich meinen Körper. Häufig bin ich mit meinen Gedanken und Gefühlen identifiziert oder nur auf die Außenwelt bezogen und mit großer Wahrscheinlichkeit nicht im gegenwärtigen Augenblick präsent. Der Autopilot ist eingeschaltet. (Der eigentliche Pilot feiert hinten in der Kabine Party …?)

Ich hoffe, dass Sie mit den obigen Ausführungen Lust auf mehr Gegenwärtigkeit bekommen haben. Es lohnt sich wirklich – sonst verpassen Sie das Leben – Ihr Leben! Das gibt es nämlich nur im ‚Hier und Jetzt' – alles andere ist Illusion.

Vergangenheit und Zukunft sind Konstrukte, welche nur in einem bestimmten Kontext ihre beschränkte Gültigkeit haben.

Aus einer gestärkten Gegenwärtigkeit heraus kann es möglich sein, sich sowohl der Vergangenheit als auch der Zukunft konstruktiv zuzuwenden. Aus der Vergangenheit lernen und die Zukunft klug planen, ist nach wie vor möglich – solange Sie in der Gegenwart verankert bleiben.

# Allgemeines über Meditation

### Ein Paradigmenwechsel

In der Meditationsszene ist seit Längerem ein Paradigmenwechsel zu beobachten.

Der westliche Mensch von heute braucht angemessene und angepasste Formen, welche es ihm ermöglichen, sich darauf einzulassen und davon zu profitieren.

Im Kern bleibt die Meditation gleich. Die Form allerdings ist sich am Ändern.

| **Altes Paradigma** | **Neues Paradigma** |
|---|---|
| Mündliche Weitergabe von Meister zu Schüler | Bücher und Internet/ Workshops |
| Lange Meditationszeiten mit hauptsächlich formellen Übungen | Verkürzte formelle Meditationszeiten |
| Rückzug in Klöster und Einsiedeleien | Im Alltag praktizierbar |
| Viel Geheimniskrämerei | Einfach, transparent |
| Mit dem Geist die Materie beherrschen | Geist und Materie koexistieren |
| Vor allem Geistesschulung | BodyAnchoring/ Körperintegriertes Denken |

*Exkurs: Die 16-Std.-Meditation oder die Tageswachzeit-Meditation*

Diese Meditationsform kann als spezielle Variante innerhalb des neuen Paradigmas beispielhaft erwähnt werden.

Die Meinung ist hier nicht, dass vom Praktizierenden verlangt wird, 16 volle Stunden auf dem Meditationskissen zu verbringen.

Es geht um etwas anderes!

Zusätzlich zu 10 Min. formeller Meditationszeit bekräftigen Sie in sich selbst die Absicht, sich während 16 Std. immer wieder, bei jeder Gelegenheit, in den meditativen Zustand des BodyAnchoring begeben zu wollen.

Damit geben Sie Ihrem Unterbewusstsein den Auftrag, Sie während des Tages immer wieder mit Erinnerungsimpulsen zu versorgen. Zusätzlich zu den äußeren Weckern ist dies eine wesentliche Unterstützung der Praxis.

# Schlusswort

Noch ein Wort zur Dringlichkeit dieser Art von Arbeit.

Wie oben bereits erwähnt, kommt man im Alltag auch mit wenig Achtsamkeit und Bewusstheit aus. Es scheint daher keine dringliche Notwendigkeit gegeben, eine solche Bewusstseinsarbeit zu verrichten.

Was jedoch seit Längerem zu beobachten ist:
- Sowohl die physische Welt als auch die geistige verändern sich.
- Werte und Strukturen sind im Wandel.
- Die Völker sind in Bewegung.
- Paradigmenwechsel in den Naturwissenschaften.
- Die Spiritualität ist ebenfalls im Wandel – weg von traditionellen Formen, hin zu mehr alltagsbezogenen.

Vielleicht haben wir ja nicht mehr alle Zeit der Welt. Das ist zwar kein Grund, in Panik zu verfallen – vielleicht jedoch ein Grund im eigenen Tempo dranzubleiben, mit sich und Ihrem Umfeld.
„Steter Tropfen höhlt den Stein." Jeder noch so kleine Beitrag ist wichtig, damit die Erde noch möglichst lange bestehen bleibt und wir darauf ein schönes Leben genießen können.

In diesem Sinne möchte ich mich hiermit von Ihnen, liebe Leserin/ lieber Leser, herzlich verabschieden.
Nehmen Sie mit, was Sie brauchen können. Ich wünsche Ihnen viel Erfolg und ein glückliches Leben.

Ihr
Emanuel Haselbach

## Dank

Ganz herzlich danken möchte ich meiner Familie für ihre äußerst wertvolle Unterstützung.

Mein Dank gebührt auch all meinen Lehrern, ohne deren Arbeit ich dieses Buch nicht hätte schreiben können.

# Der Autor

Emanuel Haselbach, geboren 1960, hat sich schon früh auf spirituelle Wege und Methoden spezialisiert. Es ist ihm ein großes Anliegen, für den heutigen Menschen Widerstände und Hemmschwellen abzubauen. Eine alltagskompatible Meditationspraxis wie das BodyAnchoring, ist ein wichtiger Schritt in diese Richtung.
Emanuel Haselbach arbeitet als Psychotherapeut, Ausbildner und Supervisor in Zürich.

Weitere Informationen über den Autor finden Sie unter:
www.psychotherapie-achtsamkeit.ch

# Der Verlag

> *Wer aufhört
> besser zu werden,
> hat aufgehört
> gut zu sein!*

Basierend auf diesem Motto ist es dem novum Verlag ein Anliegen neue Manuskripte aufzuspüren, zu veröffentlichen und deren Autoren langfristig zu fördern. Mittlerweile gilt der 1997 gegründete und mehrfach prämierte Verlag als Spezialist für Neuautoren in Deutschland, Österreich und der Schweiz.

**Für jedes neue Manuskript wird innerhalb weniger Wochen eine kostenfreie, unverbindliche Lektorats-Prüfung erstellt.**

Weitere Informationen zum Verlag und seinen Büchern finden Sie im Internet unter:

w w w . n o v u m v e r l a g . c o m

# Bewerten
Sie dieses **Buch**
auf unserer
# Homepage!

www.novumverlag.com